APPEL

A L'OPINION PUBLIQUE

DANS LA QUESTION

DES

BIBLIOTHÈQUES PRÉTENDUES POPULAIRES

DE SAINT-ÉTIENNE

SAINT-ÉTIENNE
CHEZ LES PRINCIPAUX LIBRAIRES
1867

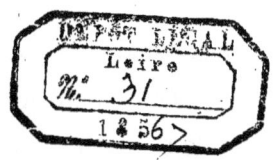

AU LECTEUR.

Mon manuscrit était déposé à l'imprimerie Théolier, et d'après nos conditions, l'impression devait en être avancée, quand a paru dans le *Mémorial* une note sur le même sujet. Les explications de cette feuille n'enlèvent nullement l'opportunité de ma brochure. Les lecteurs stéphanois ont grandement besoin d'être mis en garde contre le péril actuel des bibliothèques populaires de la place Jacquard et de la rue de la Vierge.

Je n'incrimine aucune intention, je constate un fait malheureux. Ce ne sont pas quelques livres égarés, ce sont des ouvrages nombreux et importants que je signale, c'est une tendance funeste que je combats et que je crois encore devoir combattre énergiquement en attendant que les vagues promesses annoncées aient été réalisées. Je prends acte de ces promesses et je les accepte avec bonheur ; mais elles ne suffisent pas. L'opinion publique alarmée réclame pour l'avenir des garanties certaines et complètes, qui ne peuvent être obtenues que par la nomination d'une Commission spéciale dont les membres seraient pris dans le monde charitable, savant et industriel de notre ville.

Saint-Etienne, 25 mars 1867.

APPEL

A L'OPINION PUBLIQUE

DANS LA QUESTION

DES

BIBLIOTHÈQUES PRÉTENDUES POPULAIRES

DE SAINT-ÉTIENNE

I

Les grandes bibliothèques ont leur spécialité, et, en outre, renfermant le bien comme le mal et ouvertes seulement aux heures de travail du plus grand nombre, elles ne sont guère accessibles qu'aux érudits et aux hommes de loisir.

Pour satisfaire à ce désir d'apprendre, qui se révèle de toutes parts, on a songé à la création de bibliothèques destinées au peuple, c'est-à-dire à l'immense majorité des lecteurs qui n'ont pas de livres, ou plutôt n'ont pas de bons livres.

Dans le nord de l'Allemagne, en Suisse, il n'est pas de village qui ne possède sa bibliothèque populaire. En Angleterre surtout, cette institution fleurit depuis vingt ans. Elle a puissamment contribué à purifier les mœurs; elle a fait disparaître presque entièrement les publications corruptrices, qui se répandaient, comme aujourd'hui chez nous, dans les villes et les campagnes.

Voilà l'origine des bibliothèques populaires.

En France, dans plusieurs provinces, en Lorraine, en Alsace, à Paris, le projet de bibliothèques populaires a conquis tout d'abord la faveur publique. A peine inaugurées, les ouvriers s'y sont portés avec empressement, demandant de préférence les livres les plus sérieux et les plus instructifs.

Si ces bibliothèques ont été fondées à l'intention des ouvriers qui veulent s'instruire, se perfectionner dans leur art, et employer honnêtement, agréablement et fructueusement le temps du repos, elles ne sont pas moins utiles aux jeunes gens du commerce et des administrations.

Inspirer et entretenir le goût de l'étude, les sentiments nobles et généreux, élever les âmes, *remplacer les livres immoraux par des livres qui rendent meilleurs, préserver les lecteurs trop jeunes, trop inexpérimentés, trop peu éclairés, des entraînements où peuvent se perdre leurs croyances et leur avenir :* tel a toujours été le but des patrons les plus dévoués et les plus intelligents des bibliothèques populaires.

II

Deux bibliothèques populaires ont également été créées à Saint-Etienne, il y a cinq ou six mois, l'une place Jacquard, l'autre rue de la Vierge. Elles affichent le même mobile et prétendent arriver aux mêmes résultats.

Peuvent-elles réussir dans la mission qu'on essaye de leur faire remplir ?... J'affirme hautement et nettement que cette pensée est impossible et chimérique ; et comme je n'entends pas qu'on me croie sur parole, je vais démontrer, preuves en main, la justesse de mon assertion.

Jusqu'ici, les fondateurs de bibliothèques populaires avaient sainement pensé que ce n'était qu'avec de bons livres qu'on pouvait faire naître et fortifier les bons sentiments, et ils avaient composé les bibliothèques de bons livres. Cette opinion, qui semblait être seule pratique et seule rationnelle, puisqu'elle avait en sa faveur l'appui de tous les hommes intelligents qui, sans distinction de parti, se sont occupés de cette œuvre, n'a point prévalu à Saint-Etienne.

Les rayons des deux bibliothèques populaires de notre ville sont remplis, en majeure partie, des publications malsaines, anti-sociales et anti-chrétiennes, de ces écrivains que l'on a appelés à bon droit des malfaiteurs intellectuels. Les quelques ouvrages excellents qu'elles renferment semblent égarés et fourvoyés en compagnie de Voltaire, Rousseau, Enfantin, Lamennais, Lanfrey, Larroque, Fourier, Considérant, Proudhon, Allan-Kardec, Taine, Felletan, Georges Sand, Eugène Süe, Michelet, Renan, Pezzani, Gagneur, Reynaud, Boucher, abbé ***, Rabelais, Jenny d'Héricourt, Louis Blanc, Balzac, etc., etc.

Si je n'avais devant moi qu'une pensée individuelle, j'aurais pu ne lui donner qu'une attention très-secondaire ; mais il paraît que ce n'est pas une œuvre isolée que j'ai à juger : c'est une manifestation collective et officielle de certains sentiments et de certaines idées. Je crois utile de dire avec une entière franchise ce que je pense du caractère de cette œuvre et des tendances qu'elle révèle. Elle a rencontré des sympathies bruyantes que je ne m'explique pas et que ne s'expliqueront pas davantage les honnêtes gens qui prendront la peine de lire mon travail.

Je ne serai pas long ; je ferai, le plus brièvement possible, connaître la portée d'un ouvrage, n'accordant une attention plus soutenue qu'aux auteurs qu'on peut regarder comme des chefs d'école.

III

Il y a d'abord, dans les bibliothèques populaires, du Voltaire et du Rousseau à fortes doses. Ces auteurs sont un peu vieillots et démodés, mais en leur donnant une place d'honneur, les organisateurs des bibliothèques ont été logiques. Toutes les folies du passé, depuis cent ans, et toutes les folies du présent, peuvent être rapportées à des causes générales qui se personnifient dans Voltaire et dans Rousseau : ici, la révolte de l'idée contre la vérité ; là, la révolte du sentiment contre le devoir.

Ce passé et ce présent, c'est Voltaire et Rousseau continués ; seulement, c'est Voltaire et Rousseau après 89, n'ayant plus devant eux de priviléges à fronder, d'abus à démolir, de puissances à saper, et, forcés de butiner çà et là une gerbe de sarcasmes, au lieu de moissonner largement comme au temps de *Candide* et du *Contrat social*.

Les ouvrages des principaux novateurs de la première moitié du dix-neuvième siècle, Fourier, Enfantin, Considérant, Proudhon, Lamennais, Reynaud, Lanfrey, Allan-Kardec, etc., etc., ont trouvé bon accueil auprès du philosophe de Genève et du patriarche de Ferney.

Je ne m'arrêterai pas devant les erreurs de Fourier, Enfantin, Considérant, Allan-Kardec, etc.; elles ne trouvent guère plus de sérieux partisans. Le bon sens public a depuis longtemps fait justice de ces extravagantes aberrations de la raison humaine abandonnée à elle-même. Ces doctrines n'étaient qu'un rêve, une hallucination; elles se sont évanouies devant la discussion et l'examen. Les volumes de ces novateurs sont, d'ailleurs, lourds et ennuyeux, et je ne sais trop qui trouverait plaisir à les feuilleter et à les parcourir.

Le socialisme est plus dangereux et compte de nombreux et brillants adeptes dans les bibliothèques populaires. Nous allons les passer en revue.

En attendant que nous arrivions à Mme Georges Sand, accordons une mention à Proudhon. Cet intrépide logicien, dans une lettre à un de ses amis, M. Bergmann, s'intitule lui-même « un aventurier de la libre pensée. » Dans son fameux livre : *Qu'est-ce que la propriété?* il affirme que « la propriété, c'est le vol. » A un endroit d'un autre livre, il fait au lecteur cette étrange recommandation : « Souvenez-vous seulement, et n'oubliez jamais que la pitié, le bonheur, la vertu, de même que la patrie, la religion et l'amour, sont des masques (1). »

Proudhon, comme on le voit, est un singulier moraliste, et j'ignore absolument quel profit on peut retirer de sa lecture.

J'ai noté un seul ouvrage de Louis Blanc, son *Histoire de la Révolution française*. Le socialisme de cet écrivain sent le terrorisme et tombe en adoration devant Robespierre.

Il y a *les Paroles d'un Croyant*, de Lamennais, qu'un

---

(1) Système des contradictions économiques, t. 1, page 43.

homme d'esprit a justement nommé *les Paroles d'un Incroyant;* c'est un pamphlet violent et fiévreux contre les rois. A côté, se trouve son *Essai sur l'Indifférence,* dont les trois derniers volumes renferment beaucoup d'erreurs.

La philosophie de J. Reynaud est une rêverie inintelligible que les lecteurs trouveront sans attrait. C'est un esprit dévoyé qui court après des illusions.

M. Lanfrey est chargé de faire connaître la papauté par son *Histoire politique des Papes.* Cet ouvrage n'est qu'une longue déclamation contre la papauté, déclamation outrée jusqu'au gros mot ; ce n'est pas même de la colère philosophique, c'est de la littérature d'estaminet, et rien de plus.

Je n'ai point aperçu son principal livre : *l'Eglise et les Philosophes au XVIIIe siècle;* peut-être en ce moment courait-il la ville avec d'autres déserteurs. Quelques mots sur cet ouvrage, qui est la profession de foi et le manifeste d'un parti qui s'intitule modestement le parti de l'avenir, feront connaître le fougueux historien de la papauté.

M. Lanfrey a écrit plus qu'un pamphlet contre l'Eglise : c'est un pamphlet contre la raison, une charge à fond contre le dogmatisme en général. Sa philosophie est violente. Il s'attaque aux principes mêmes de la raison, qu'il nie ; aux axiomes les plus essentiels de la métaphysique, qu'il infirme. Le dernier mot de cet ouvrage, sévèrement interrogé, n'est pas seulement l'incrédulité religieuse, c'est le scepticisme. M. Lanfrey retranche de son programme l'âme et Dieu.

Tout est écrit sur le ton lyrique et prophétique ; il y a du lyrisme même dans les violences, et, certes, les violences ne manquent pas. Deux exemples qui sont courts :

On peut juger de bien de manières différentes le siècle de Louis XIV, de Bossuet, de Corneille et de Condé ; mais que dites-vous de cette sentence péremptoire ?

« Le XVIIe siècle est la réduction à l'absurde du principe chrétien ? »

Cela ne semble-t-il pas bien trouvé ?...

M. Lanfrey traite « d'esprits bornés ou d'âmes flétries » ceux qui ont une croyance. Tout chrétien est ainsi condamné à choisir entre l'idiotisme et l'hypocrisie. Voltaire, au contraire, est « un ange de lumière et un sage antique. »

C'est dans ce parti que se recrutent les membres de cette monstrueuse secte des solidaires qui a fait des ravages en Belgique et dans quelques parties de la France, et qui proclame la négation de toute croyance.

Le livre de M. Larroque, *Revue critique de la doctrine chrétienne*, appartient à cette catégorie ; c'est également une œuvre de démolisseur.

Les ouvrages du matérialiste Taine, de M. Pelletan, accusent de grandes affinités avec ceux de MM. Lanfrey et Larroque. Le lecteur est prévenu : il connaît l'école.

On ne discute pas de pareilles doctrines, on les cite, et il ne saurait y avoir de critique plus cruelle, de châtiment plus sévère.

IV

Le roman des Bibliothèques populaires de Saint-Etienne est philosophique ; il développe une thèse. Immoral, sceptique, sophistique, panthéiste, humanitaire, anti-religieux et anti-social, il semble n'avoir d'autre but que d'amener la confusion du bien et du mal. Il n'existe pas une manière plus commode de soumettre au public sa pensée, qu'en choisissant cette forme. Les gros livres et les traités spéciaux ennuient ; tout le monde lit le roman.

Rousseau et trois des plus dangereux romanciers de notre époque, Mme Georges Sand, Eugène Süe et Balzac, qui ont quelques-uns de leurs ouvrages dans les Bibliothèques populaires, justifient amplement mon assertion.

Rousseau a deux volumes, *Emile* et *les Confessions*. Ce misanthrope moroso, aigri par les misères de la vie d'intérieur, a commencé cette série de romans philosophiques, qui cachent leur véritable portée sous des dehors trompeurs. Il cherche à établir la *nécessité* de la passion ; il admet la *fatalité* des circonstances ; il justifie l'abandon des devoirs que la vie impose, et par là le *suicide*. L'intérêt est concentré sur les êtres vicieux de ses romans, au détriment des personnages vertueux, qui ne sont que des idiots et des imbéciles.

Dans ses *Confessions*, il se dépouille sans pudeur devant le public. Indiquant ses propres difformités, il dit : « Voilà l'homme ! » Ce philosophe cynique trouve plaisir à se montrer dans l'avilissement le plus complet.

Rousseau connaissait tout le danger de ses livres, et il n'a pas craint d'affirmer que la jeune fille qui les lirait était perdue. Rousseau était juge compétent. Ces pages, passant dans toutes les mains, saturant les cœurs et les esprits de leur subtil poison, doivent, en effet, produire d'affreux ravages.

Rousseau a fait école.

Mme Sand est un nouveau Jean-Jacques, s'irritant contre les lois sociales, plus séduisant, plus inutile, plus dépaysé, aussi éloquent et aussi dangereux que le premier. De tous les écrivains contemporains, Mme Sand est celui qui a poussé le plus loin la témérité de la pensée, celui qui a attaqué avec le plus d'énergie les croyances religieuses, qui a sapé avec le plus d'audace les fondements de la famille et de la société, celui qui a usé avec le plus de largeur de la liberté de tout dire.

Je l'avoue avec regret, j'ai compté quatorze volumes de cet auteur dans les Bibliothèques populaires.

Les premiers récits de Mme Sand, *Indiana, Valentine, Jacques, Leone Leoni, André, Mauprat, Simon, la Dernière Aldini, Lavinia, Métella, la Marquise*, etc., sont d'ardents plaidoyers de la passion contre le mariage, ou mieux de la passion essayant de s'assouvir en dehors des lois sociales. Mêlant un profond sentiment d'impuissance à ses récriminations et à ses colères, elle enveloppe le genre humain tout entier dans ses sophismes et ses anathêmes, pour substituer aux grandes notions du bien et du mal un individualisme inquiet, soucieux et mobile.

Le mariage lui paraît un *mal*, le suicide un *droit* et quelquefois un *devoir*. Elle proclame la *nécessité* et le *dogme* de la passion.

Dans une seconde série de romans, endoctrinée par quelque utopiste, Pierre Leroux ou Lamennais, elle a traduit dans son style les théories extravagantes et socialistes de ces sectaires absurdes. C'est à cette désastreuse époque que se rapportent *Spiridion*, le *Compagnon du Tour de France*, les *Sept Cordes de la Lyre*, *Isidora*, *Consuelo*, *Horace*, le *Meunier d'Angibaut*, le *Péché de M. Antoine*, etc. Elle voit dans Notre Seigneur Jésus-Christ seulement un philosophe ; elle admet parfois le panthéisme et le *Dieu perfection ;* la forme actuelle de la société lui paraît une *hérésie politique*, comme l'Eglise une *hérésie religieuse*.

Mme Sand est un vulgarisateur très-dangereux et de beaucoup de talent ; ce talent est insinuant, fin, rusé, sophistique, passionné ; il fascine et il enivre. Elle sera lue et relue, demandée et redemandée ; elle excite les passions en les flattant et en les excusant.

Dans ses *Mémoires*, elle a développé une théorie qu'elle appelle l'*hérédité de l'organisation*, théorie qui ôte aux actions humaines, à la vertu et au vice, toute responsabilité, attribuant à la force et à l'influence du *sang* ce qui ressortait jadis de la conscience et du libre arbitre.

En politique, elle est de l'école de Louis Blanc. Elle a écrit une brutale apothéose du pontife et du bourreau de la Terreur. Elle ne craint pas de dire que Robespierre est « le plus grand homme de la Révolution et un des plus grands hommes de l'histoire (1). »

On connaît Mme Sand ; la cause, comme on dit au palais, est entendue.

Eugène Süe se rapproche de Mme Sand.

Comme cet écrivain, il attaque le *mariage*, justifie le *suicide* et l'*adultère*, et exalte l'enfant naturel. J'ai relevé seulement deux livres de lui, mais ce sont précisément les plus mauvais et les plus importants : les *Mystères de Paris* et le *Juif-Errant*.

Les sujets de ces deux romans sont de telle nature, que j'ai jugé impossible non-seulement d'en présenter l'analyse, mais même de l'indiquer nettement. En dépit de toute l'habileté de l'auteur, ces livres ne peuvent jamais exciter l'in-

(1) Mémoires, tome 11, ch. 4.

térêt, parce qu'ils excitent toujours le dégoût. Le style est tour à tour trivial et passsionné. On y trouve des crudités systématiques et un réalisme violent et grossier.

Un médecin, Parent Duchâtel, écrit un livre grave à l'usage des médecins et des administrateurs, auxquels leur position impose l'obligation de tout connaître, afin d'empêcher un plus grand mal. Eugène Süe choisit quelques pages de cette monstrueuse réalité pour faire un roman.

Quels tableaux de mœurs? Toutes les figures et toutes les scènes sont retracées avec le réalisme de l'école espagnole. Pas un détail scabreux n'est oublié.

La femme Martial, veuve d'un supplicié, mère d'un forçat, résume la moralité de ce drame. Condamnée au dernier supplice, elle refuse les secours religieux ; la mort pour elle, *c'est voir noir*, et voilà tout.

Tel est le sujet des *Mystères de Paris*, et ce livre aurait un but utile?...

Le *Juif-Errant* a paru en 1844 dans le *Constitutionnel*. Ce journal, qui était alors un des derniers échos de l'école voltairienne, avait flairé une bonne spéculation. Le pamphlet de Quinet et Michelet contre les jésuites faisait du bruit. Quelle riche mine à exploiter dans le roman! Eugène Süe, écrivain facile, entraînant et varié, se chargea d'attacher le jésuite au pilori dans une longue série de feuilletons.

Honoré de Balzac n'appartient pas à une seule école; dans un grand nombre de ses romans, il semble avoir écrit pour peindre, mais c'est la même morale avec des atténuations. Voulant tout mettre en relief, il ne recule ni devant le faux, ni devant l'odieux, ni devant l'obscène, comme on peut en juger dans un *Grand Homme de Province* et dans la *Physiologie du Mariage*.

J'en ai fini avec les romanciers. Comment admettre comme de quelque utilité des ouvrages où les principes les plus élémentaires de morale sont niés, et où la volupté la plus décolletée et la plus nue s'étale en pages passionnées? Quels lecteurs suppose-t-on à de tels livres? Pour qui sont-ils sans dangers?...

A qui persuadera-t-on qu'ils ont un but moral? Que devient la jeune fille, pure, naïve et innocente, et le jeune homme sans expérience? Ils lisent avec avidité, et le mal passe de main en main, d'âme en âme. Croyances et mœurs, tout fait naufrage.

V

Les pamphlets abondent; il y a d'abord la *Sorcière*, le *Prêtre*, la *Femme* et la *Famille*, de Michelet; la *Vie de Jésus*, les *Apôtres*, de Renan; les *Lettres à un Provincial*, de Pascal; le *Maudit*, la *Religieuse*, le *Moine*, le *Jésuite*, de l'anonyme ***; la *Croisade noire*, de Gagneur; les *Jésuites*, de Boucher; l'*Histoire politique de la Papauté*, de Lanfrey. La *Femme affranchie* (affranchie de tout lien social), de Jenny d'Héricourt; la *Pluralité des existences de l'âme*, de Pezzani, ne doivent pas être oubliées parmi les mauvais livres, etc.

En feuilletant rapidement les deux productions informes de Michelet, la *Sorcière* et le *Prêtre*, la *Femme et la Famille*, on voit à quel point le sens moral peut s'égarer, quand il n'a ni principe ni règle. Ces deux livres sont un grand écart de de la raison et de la vérité. Une douloureuse pitié vous gagne à la lecture de ces pages menteuses et chargées de fiel.

M. Michelet s'est abandonné aux fantaisies de la passion la plus emportée et la plus vertigineuse. La haine du prêtre l'aveugle.

L'analyse n'a que faire de ces deux volumes, car elle aurait beau amortir toutes choses, dissimuler les haillons, elle aurait encore à raconter tant de souillures de l'esprit et des sens, qu'on aurait peine à la croire. On rencontre des pages où la colère débordée va loin; cela fait peur, on a froid au cœur.

La science des *peut-être* de Renan n'a pas fait fortune en France, et surtout en Allemagne; ses livres, battus en brèche, ont succombé aisément sous les attaques de la critique, mais ils se sont attardés à Saint-Etienne.

Les *Lettres provinciales*, que le comte de Maistre appelle « *des menteuses* », sont une satire ingénieuse et méchante contre les jésuites, auxquels Pascal attribue des opinions extravagantes qu'ils n'ont jamais eues, ni jamais propagées. Il a fallu la malice et l'esprit du persiflage pour soutenir une production qui, au fond, n'est guère intéressante.

Quant aux autres pamphlets, ils sont à l'avenant. On a dit aussi bien, on a dit aussi fort dans mille autres brochures complétement oubliées.

Ces pamphlets renferment pourtant un danger sérieux ; ils enracinent dans bien des intelligences les plus funestes préjugés. Car, on prend plaisir à lire le livre calomniateur, on le fait lire, on le prête ; il fait le tour des connaissances ; l'histoire déplorable passe de bouche en bouche ; la calomnie grossière circule dans les ateliers. On en rit, et on finit par la croire vraie.

En admettant ces pamphlets aux honneurs des bibliothèques populaires, et par là leur donnant une approbation officielle, la commission municipale a oublié une question de convenance et probablement de droit, que je me permettrai de lui rappeler. Dans toutes les communautés, grandes et petites, les chefs de la communauté sont chargés d'en protéger également tous les membres; cette protection, à laquelle tous les citoyens ont droit, aurait dû éloigner des bibliothèques ces livres injurieux qui traînent aux gémonies une catégorie assez importante d'honnêtes gens.

Ces bibliothèques sont installées dans les salles d'asile, dans ces salles où des religieuses, — que ces écrits insultent, — répandent avec un courage merveilleux les secours d'une charité matérielle, active et vigilante, en même temps qu'elles élèvent et instruisent ces petits enfants. Il y a dans ce rapprochement quelque chose d'odieux que les organisateurs auraient dû comprendre et apprécier. Laissez-les donc en paix ces travailleuses intrépides. Hélas ! elles ne vieillissent pas dans ces pénibles fonctions ! Elles tombent en fleur, et la terre ne connaît d'elles que des parfums et des rayons.

L'attaque contre le prêtre, le jésuite, la religion et les honnêtes gens, masque une seconde attaque plus profonde. En cherchant à déconsidérer ceux qui ont reçu mission d'enseigner la doctrine de Jésus-Christ, on espère atteindre la *religion* elle-même.

La religion fondée par Jésus-Christ n'a pas peur. Il y a cinquante ans, cent ans, quatre cents ans, quinze cents ans, la même armée, avec la même ardeur, avec des armes et des noms différents, faisait le siége de cette Eglise. Et, chose merveilleuse, ce long siége de dix-neuf siècles n'a pas arraché une pierre à ses murailles, un clou à ses portes, une tuile à son toit. Ses ennemis annoncent chaque matin sa mort pour le soir et ses funérailles pour le lendemain, et, le lendemain, c'est elle qui assiste aux funérailles de ses ennemis de la veille.

VI

La doctrine pratique de la plupart de ces livres que j'ai signalés se réduit à une morale individuelle très-complaisante, à une morale sociale très-vague et très-déclamatoire. Partout où pénètrent le rationalisme, le panthéisme, le matérialisme, il renverse les barrières qui protégeaient la famille et l'autorité contre les passions.

On le comprend. Si l'homme n'est qu'une masse organisée et sensible, il est inutile de lui parler de ces grandes vertus désintéressées : le dévouement, le sacrifice, la charité. Il n'y a pour lui qu'une vertu : le bien-être ; qu'une morale : le culte de ses organes ; qu'une sorte de charité : l'idolâtrie de soi-même. Tout le reste est pure chimère. Son devoir est de bien vivre, de vivre largement et longuement, rien de plus ; ou plutôt il n'a pas de devoir, il retombe sous la loi de la fatalité.

Il ne suffit pas de parler sur un ton solennel de tolérance, de justice, d'humanité, de civilisation, de progrès, pour inculquer l'idée de devoir dans la raison humaine livrée aux incertitudes. Toutes ces expressions sont bien vagues pour former une religion capable de remplacer le christianisme.

Ces doctrines sauvages conduisent à l'*anarchie* proclamée par ce logicien farouche et implacable qui s'appelle Proudhon, ou au despotisme, parce qu'il faudrait employer la force brutale pour contenir une nation qui ne reconnaîtrait d'autre loi morale et sociale que le bon plaisir.

Telle est, ramenée à sa plus simple expression, la morale

des livres que l'on prête à des lecteurs sans expérience de la vie. Il m'a semblé utile de la mettre en lumière, laissant à chaque honnête homme le soin de tirer les conclusions.

VII

Je ne pense pas, en m'exprimant ainsi, blesser aucune convenance. Les Bibliothèques populaires, telles qu'elles sont composées, m'ont paru renfermer un péril pour la famille et pour la société; j'ai rempli non-seulement un droit, mais un devoir strict et de premier ordre en dénonçant ce péril.

La diffusion de l'instruction est un fait accompli ; il s'agit d'en diriger l'emploi. Il y a là une question complexe, charitable et sociale qui n'échappe à personne. Qui peut se montrer indifférent à l'usage que le peuple fera de son savoir, et ne pas attacher une grande importance aux livres placés entre ses mains? L'instruction primaire ne suffit pas pour donner l'expérience et le discernement.

N'empêchons pas de lire, mais choisissons le livre. Qu'il soit apporté au foyer domestique, non pas clandestinement, comme une faute; qu'il y paraisse en ami, en conseiller de la famille; qu'il puisse être lu à haute voix par tous, et que chacun y puise amusement, instruction et profit.

Comment choisir le bon livre ?...

Dans notre ville de Saint-Etienne, si occupée, peu d'hommes ont le loisir de lire, de juger les livres ; il faut pour cela une expérience, une recherche, un nombre de lectures qui dépasse l'intelligence la plus active, la vie la plus longue ; il faut un temps et une attention dont une association est seule capable.

La Commission actuelle a montré son insuffisance et son parti pris; elle n'est point à la hauteur de cette belle et glorieuse entreprise. Trois ou quatre membres, ne s'inspirant, d'ailleurs, que d'eux-mêmes, ne peuvent savoir ni beaucoup de bons livres, ni beaucoup de livres intéressants.

C'est pour cela que, si l'on tient réellement à arriver à un résultat satisfaisant, il est urgent de choisir, pour présider à la formation des Bibliothèques populaires, un Comité de vingt à trente membres où figureraient les noms les plus connus du monde charitable, intelligent et industriel de notre ville. Une semblable réunion d'hommes honorables et éclairés est seule capable d'exercer fructueusement cette charité intellectuelle qui est un des grands devoirs de notre époque. Saint-Etienne ne donnerait point l'exemple ; il ne ferait que suivre dans une voie excellente toutes les villes qui ont fondé des Bibliothèques populaires.

Le Comité prendrait pour lui les démarches et les recherches, le travail et la responsabilité. Le lecteur le plus inexpérimenté pourrait alors en *toute sécurité* recevoir l'aumône morale d'un bon livre ; il n'aurait plus qu'à choisir dans les catalogues ceux des ouvrages qu'il croirait appropriés à ses besoins.

Le cercle des bons livres est assez étendu ; il renferme tous ceux qui, sous une forme ou une autre, défendent le bien et la vérité, livres anciens et ouvrages nouveaux, pourvu qu'ils réunissent ces deux conditions : intérêt et utilité.

FIN

St-Etienne, imp. Théolier et C°

www.ingramcontent.com/pod-product-compliance
Lightning Source LLC
Chambersburg PA
CBHW071442060426
42450CB00009BA/2272